SACHHEFTE FÜR DIE GRUNDSCHULE

Gefährdete Umwelt

von

Gerd-Dieter Moos

Hirschgraben-Verlag · Frankfurt am Main

ISBN 3-454-20200-0

ISBN 3-454-20200-0

3. Auflage 1980

Umschlagentwurf: C. M. Estenfelder, Frankfurt am Main
Zeichnungen: Erich Dittmann, Frankfurt am Main
Satz · Druck · Bindearbeit: Parzeller & Co., Fulda

Gefahren für die Umwelt

Immer wieder erfahren wir durch Presse, Rundfunk und Fernsehen von den Gefahren, die unsere Umwelt bedrohen. Doch vielen Menschen ist noch nicht bewußt, wie groß die Bedrohungen sind und wie sie entstehen.

Wenn wir Wasser und Luft weiter in zunehmendem Maße verunreinigen, wird die Erde einmal nicht mehr bewohnbar sein. Ohne Wasser und Luft kann der Mensch nicht leben; beide müssen frei von bestimmten Schadstoffen sein, sonst ist die Gesundheit des Menschen in Gefahr.

In den modernen Industrieländern nimmt auch der Lärm ständig zu. Wenn es nicht gelingt, ihn rechtzeitig einzudämmen, wird er bei immer mehr Menschen Erkrankungen verursachen. Besonders der Verkehrslärm ist für die meisten Bürger zu einer großen Belastung geworden.

Eine schwierige Aufgabe ist ferner die Beseitigung des Mülls, der ebenfalls jährlich anwächst.

Der Kampf gegen die Umweltgefahren dient den Lebensinteressen aller Menschen. Alle Nationen müssen sich deshalb in diesem Kampf zusammenschließen.

Im Juni 1972 fand in Schweden die erste internationale Umweltkonferenz statt. Auch die Bundesrepublik Deutschland hatte Beobachter auf diese Konferenz entsandt. Die teilnehmenden Nationen waren sich darüber einig, daß nur durch gemeinsames Vorgehen unsere Umwelt wirksam geschützt werden kann.

Merke:

Die Bekämpfung der Umweltgefahren liegt im öffentlichen Interesse aller Staaten der Erde. Nur in enger Zusammenarbeit können Flüsse, Meere und Luft geschützt werden. Aber jeder Industriestaat muß auch von sich aus Maßnahmen einleiten, die eine schnelle Besserung bewirken. So hat der Innenausschuß des Deutschen Bundestages seit 1971 mehrere Anhörungen durchgeführt; Fachleute und Sachverständige, Ärzte und Wissenschaftler stellen ihre Erfahrungen und Forschungsergebnisse zur Verfügung, damit die notwendigen Umweltschutzgesetze geschaffen werden können.

Aufgaben:

1. Sammelt Zeitungsausschnitte und Bilder über Umweltverschmutzungen.
2. Ordnet eure Ausschnitte nach:
   Verschmutzung von Wasser und Luft — Gefährliche Müllablagerungen — Schädigende Wirkungen des Lärms.
   Klebt das gesammelte Material auf Kartons, die ihr in eurem Klassenraum aufhängen könnt.

Frage:

Warum müssen im Kampf gegen die Umweltgefahren alle Nationen der Erde zusammenarbeiten?

Fischsterben in den Flüssen

Das Wasser in unseren Flüssen ist schon seit langem verschmutzt.

Aber noch vor wenigen Jahrzehnten konnte man in den meisten Gewässern gesunde Fische fangen. Flußfische bildeten einen wichtigen Bestandteil unserer Ernährung.

Doch die Verunreinigung der Gewässer hat ständig zugenommen. Die Abwässer zahlreicher Städte und Dörfer werden nur mangelhaft gereinigt; so gelangen in die Flüsse und Bäche täglich schädliche Schmutzstoffe, die den Sauerstoffgehalt des Wassers verringern. Ohne Sauerstoff kann der Fisch aber nicht leben. Immer wieder bringen die Abwässer auch Gifte in die Flüsse. Deshalb kommt es oft zu großen Fischsterben. Dann treiben Hunderte, ja Tausende von toten Fischen stromabwärts. Ihr Verwesungsgeruch verpestet die Luft.

Nicht alle Fische fallen den Massensterben zum Opfer, aber die Bestände in den Flüssen werden kleiner. Das Fischfleisch hat auch oft einen unangenehmen Beigeschmack. Daran ist das verunreinigte Wasser schuld, in dem die Fische leben müssen.

Untersuchungen haben sogar ergeben, daß sich einige der schädlichen Stoffe aus den Abwässern in den Fischen festsetzen. Wissenschaftler raten deshalb davon ab, Fische zu verzehren, die in Flußabschnitten mit starken Abwassereinleitungen gefangen wurden.

Fragen:

1. Warum ist es für uns wichtig, Flüsse und Seen sauberzuhalten?
2. Was geschieht, wenn der Mensch sich nicht gegen weitere Wasserverschmutzung schützt?

Deutschlands größter Abwässerkanal

Der Rhein ist Europas wichtigste Binnenwasserstraße. Jährlich befahren etwa 18 000 Schiffe diesen großen Fluß und versorgen die Bundesrepublik Deutschland, Frankreich, Holland und die Schweiz mit vielen Millionen Tonnen lebenswichtiger Güter.

Die mittelrheinische Landschaft mit ihren Burgen und Weinbergen lockt Besucher aus aller Welt an.

Doch der schöne Strom verschmutzt mehr und mehr. Außer den Abwässern der Städte und Dörfer gelangen auch die Abwässer der großen Industrien in den Fluß.

Die Seitenflüsse Neckar, Main und Mosel bringen ebenfalls ihr verunreinigtes Wasser in den Rhein.

In Holland ist der Rhein dann so verschmutzt, daß man ihn dort „deutsche Kloake" nennt. Wenn die Holländer nur den groben Unrat aus dem Flußwasser filtern würden, könnten sie damit täglich 2000 Lastkraftwagen beladen. Doch viel gefährlicher als grobe Abfälle und Schmutzteile sind die Abwässer aus der chemischen Industrie, da sie alles Leben im Fluß gefährden. Der Fischbestand hat sich schon stark verringert. Einige Schnekkenarten sind bereits ausgestorben. Wird der Rhein bald ein totes Gewässer sein?

Merke:

Die Wasserverschmutzung der Flüsse entsteht:

1. durch mangelhaft gereinigte Abwässer aus Städten und Gemeinden,
2. durch Industrieabwässer, besonders die der chemischen Industrie,
3. durch Motorenöle von Schiffen.

Die zunehmende Verschmutzung der Flüsse kann nur durch wirksame Kläranlagen verhindert werden. Doch diese Anlagen sind teuer und können nicht von einem Tag zum anderen aufgebaut werden.

Eine Großkläranlage der chemischen Industrie bei Ludwigshafen wurde Ende 1974 in Betrieb genommen; sie ist ein wichtiger Beitrag zur Rettung des Rheins. Aber viele weitere Kläranlagen müssen noch errichtet werden.

Fragen:

1. Stelle fest, welche großen Städte am Rhein liegen.
2. Schätze, wieviel Menschen in diesen Städten leben.
3. Kennst du Städte, in denen es Fabriken der chemischen Industrie gibt?
4. Welche chemischen Erzeugnisse werden im Haushalt benutzt?

Reinigung der Abwässer

Früher leitete man das schmutzige Wasser aus Haushalten und Fabriken einfach in Flüsse und Bäche. Diese Abwässer wurden dort auf natürlichem Wege gereinigt. Im Wasser gibt es nämlich kleinste Lebewesen; wir nennen sie Bakterien. Sie zersetzen die Schmutzteilchen und die schädlichen Bestandteile des Abwassers. So sorgen sie dafür, daß der Fluß oder der Bach sauber bleibt. Diese Selbstreinigung der Gewässer war möglich, solange die Abwassermengen noch nicht zu umfangreich waren.

Doch die Bevölkerung der Erde nimmt unaufhörlich zu. Viele neue Fabriken entstehen. Immer mehr verschmutztes und verseuchtes Abwasser läuft in die Flüsse, die sich nun nicht mehr aus eigener Kraft reinigen können. Den Bakterien gelingt es nicht, so große Mengen von Schadstoffen zu zersetzen.

In den meisten Flüssen der Bundesrepublik können wir nicht mehr schwimmen. Das Baden mußte verboten werden, da in diesen Gewässern jetzt zahlreiche Krankheitserreger enthalten sind. Wer das Verbot nicht beachtet, gefährdet seine Gesundheit.

Um die fortschreitende Wasserverschmutzung aufzuhalten, müssen alle Städte und Gemeinden wirksame Kläranlagen bauen. Ausreichend sind nur Anlagen, in denen die Abwässer mechanisch und biologisch gereinigt und geklärt werden. Das geschieht so:

Zuerst kommt das Abwasser zur Rechen- und Siebanlage; hier wird der grobe Schmutz aufgefangen. Dann fließt es langsam durch die Sandfanganlage, wo sich Sand und Erde absetzen. Im nächsten Becken werden die öligen Bestandteile abgeschieden. Anschließend fließen die Abwässer in die Vorklärung; dort sinken die Schmutzstoffe als Schlamm ab.

Diese Vorgänge nennt man die mechanische Reinigung. Aus dem Abwasser ist jetzt schon viel Schmutz herausgenommen worden, aber es ist noch lange nicht gereinigt.

Nun beginnt die biologische Reinigung. Die Abwässer fließen weiter in das Belüftungsbecken. Der restliche Schlamm wird hier mit Luft versorgt. Dadurch vermehren sich die Bakterien schnell und zersetzen die Schmutzstoffe.

Dann gelangt das Abwasser in die Nachkläranlage, wo sich der übriggebliebene Schlamm absetzt; ein Teil wird wieder in das Belüftungsbecken zurückgepumpt. Die Bakterien, diese kleinen Lebewesen, sollen dort wieder helfen, weitere Abwässer zu reinigen.

Das nach der biologischen Reinigung geklärte Abwasser wird nun in ein Gewässer geleitet.

Der restliche Schlamm fließt aus der Nachkläranlage in den Faulungsraum; hier zersetzt er sich, dann läuft er in die Schlammtrockenplätze. Den getrockneten Schlamm kann man auf den Feldern zur Düngung benutzen.

Schlamm aus Industrieabwässern muß geprüft werden. Wenn er Giftstoffe enthält, darf er nicht als Dünger verwandt werden. Er wird in besonderen Anlagen verbrannt oder sicher gelagert.

Aufgaben:

1. Macht einen Klassenausflug zu einer Kläranlage.
2. Beschreibt dann die stufenweise Reinigung des Abwassers.

Merke:

30 Millionen Menschen in der Bundesrepublik leben in Dörfern und Städten, die am Rhein oder in der Nähe dieses großen Flusses liegen.

Doch nur die Abwässer von etwa 7 Millionen Anwohnern werden in biologischen Kläranlagen gereinigt.

Die Reinigung der Abwässer von etwa 12 Millionen erfolgt auf mechanische Art, also unzureichend.

Die Abwässer der restlichen 11 Millionen Bürger werden noch ungeklärt über die Kanalisation in den Rhein geleitet.

Versuch:

Füllt in einen Eimer Leitungswasser. Verschmutzt dieses Wasser mit Sand, kleinen Steinen, Spülwasser aus der Küche und anderen Abfällen. Rührt eure Schmutzwassermischung mit einem Holzlöffel gut um.

Gießt das schmutzige Wasser durch ein Küchensieb.

Wiederholt den Versuch und legt vorher in das Sieb ein Leinentuch oder Filterpapier.

Schreibt auf, welcher Filter das Wasser besser reinigte.

Merke:

Sand, Steine und ungelöste Schmutzstoffe lassen sich durch Filtrieren aus den Abwässern entfernen.

Frage:

Wo werden in einer Kläranlage die ungelösten Stoffe aufgefangen?

Versuch:

Füllt einen Eimer mit Leitungswasser. Löst in dem Wasser ein Waschmittel auf. Versucht nun, dieses Wasser durch einen Filter zu reinigen.

Wiederholt den Versuch mit einer Salzlösung.

Was lernt ihr aus diesem Versuch?

Merke:

Durch unzureichend gereinigte Abwässer aus Haushalten und Industrien gelangen Salze, Laugen und Säuren in unsere Gewässer.

Fragen:

1. Welche Aufgabe haben die Bakterien in der biologischen Reinigung einer Kläranlage?
2. Warum darf man getrockneten Schlamm aus giftigen Industrieabwässern nicht zur Düngung benutzen?
   Beantwortet diese Frage schriftlich.

„Es gibt doch genug davon!"

Ute zapft ein Glas Wasser und trinkt es fast leer. „Ich hatte ja solchen Durst", sagt sie und springt wieder in den Garten. Kaum hat sie sich auf der Schaukel niedergelassen, ruft ihre Mutter: „Komm doch bitte noch einmal her, Ute, ich muß dir etwas zeigen!"

Ute ist neugierig. Doch als sie wieder in der Küche steht, deutet Mutter nur auf den Wasserhahn; in einem dünnen Strahl läuft noch Wasser heraus.

„Das bißchen Wasser", sagt Ute verärgert und dreht richtig zu. „Es gibt doch genug davon!"

„Meinst du wirklich?" entgegnet Mutter.

„Na klar, wir brauchen doch nur aufzudrehen", meint Ute.

„So ist es ganz und gar nicht", widerspricht Mutter, „es gibt nicht unendlich viel Wasser. Verschwenden dürfen wir es nicht. — Weißt du eigentlich, woher wir es bekommen?"

Ute antwortet stolz: „Aus dem Wasserwerk. Und das Wasserwerk holt es aus der Erde."

„Das stimmt, Ute. Aber wie ist es überhaupt in die Erde gelangt?", fragt Mutter.

Ute wird ungeduldig. Sie will wieder auf ihre Schaukel. „Es ist eben in der Erde, das ist die Hauptsache", sagt sie mißmutig und geht zur Tür.

„Aber Ute, nun bleib doch mal ein paar Minuten hier", ruft Mutter. „Ich möchte dir erklären, warum wir mit dem Wasser sparsam umgehen müssen."

Ute kommt zögernd zurück und fragt: „Weil es teuer ist?"

„Das ist auch ein Grund, aber nicht der wichtigste. Ich will es dir ja erklären", fährt Utes Mutter fort. „Unser Trinkwasser konnte immer aus dem Grundwasser genommen werden. Das Grundwasser hat sich aus dem Regen gebildet, der auf die Erde fällt. Was wir herausnehmen, wird immer wieder durch die Niederschläge ergänzt. So war es jedenfalls seither."

„Jetzt aber auch noch", unterbricht Ute, „erst gestern hat es doch so stark geregnet."

„Freilich", lacht Mutter, „und vielleicht regnet es morgen schon wieder. Aber die Menschen verbrauchen mehr Wasser als früher, viel mehr, das ist es. Wasser benötigen wir für die Waschmaschinen und für die Spülautomaten, die es vor hundert Jahren noch gar nicht gab. Und wir brauchen Wasser, um das Auto zu waschen; auch Autos gab es früher nicht. Dann die Fabriken, die alle sehr viel Wasser haben müssen, um Güter herstellen zu können. Und es leben immer mehr Menschen auf der Erde, die immer mehr Wasser verbrauchen. Doch damit nicht genug."

Ute staunt. „Was denn noch?" fragt sie.

„Schau dir einmal unser Dorf an. Als du zur Schule kamst, gab es das ganze Ostviertel noch nicht. Hinter unserem Garten bis zum Wald hin lagen nur Felder und Wiesen. Da stehen jetzt schöne Häuser, und breite, neue Straßen laufen durch die Siedlung. Darüber freuen wir uns natürlich. Aber einen Nachteil hat die Sache doch. — Kannst du dir denken, was ich meine?"

Ute überlegt. „Hängt es vielleicht mit dem Regen zusammen?"

„Ja, und das ist so: der ganze Regen, der auf die Straßen und auf die Dächer fällt, dringt nicht in die Erde ein. Er wird in die Kanalisation geleitet und gelangt so in den Fluß. Damit geht er dem Grundwasser verloren. Und so wie unser Dorf wachsen viele andere Dörfer und Städte auch. In jedem Jahr sickert also weniger Regen bis ins Grundwasser, doch gleichzeitig steigt von Jahr zu Jahr der Wasserverbrauch." Die Mutter freut sich, daß Ute sich zu ihr gesetzt und aufmerksam zugehört hat.

„Das kann nicht gutgehen", sagt sie jetzt und sieht ihre Mutter fragend an, „wenn wir mehr Wasser verbrauchen, als da ist."

„Allerdings, und wenn du sogar Wasser laufenläßt, ohne daß du es brauchst, Ute", erinnert die Mutter ihre Tochter, die ein nachdenkliches Gesicht macht. „Ein bißchen will ich dich aber beruhigen. Es gibt noch genug Wasser."

Zweifelnd fragt Ute: „Wirklich?"

„Denke doch an die Flüsse und Seen."

„Aber Mutti, daraus kann man doch nicht trinken!"

„Natürlich nicht. Wir waren ja neulich am Rhein. Da hast du dich vor der trüben Brühe geekelt. Das klare Grundwasser reicht aber in einigen Gegenden schon nicht mehr zur Trinkwasserversorgung aus. Da mußte man sich nach anderen Vorräten umsehen. So wie das Wasser in den Flüssen vorbeifließt, ist es freilich ungenießbar. Du könntest sterben, wenn du davon trinken würdest. Das Flußwasser ist voller Krankheitserreger und Schadstoffe. Doch es ist möglich, dieses verschmutzte Wasser so zu reinigen, daß man es trinken kann. Einfach ist das aber nicht. Und je stärker die Flüsse und Seen verschmutzt werden, um so schwieriger und teurer wird es."

„Wie dumm!", sagt Ute.

„Was denn?"

„Na, erst verschmutzen wir die Flüsse und dann müssen wir das Wasser wieder reinigen."

M e r k e :

In vielen Teilen der Welt und auch in der Bundesrepublik Deutschland reicht das Grundwasser nicht mehr zur Trinkwasserversorgung aus. Deshalb muß in zunehmendem Maße Oberflächenwasser aufbereitet werden.

F r a g e n :

1. Was ist Grundwasser?
2. Wohin gelangt das Regenwasser, das auf Dächer und Straßen fällt?
3. Was würde geschehen, wenn nicht mehr genügend Trinkwasser vorhanden wäre?

Ein Wasserwerk muß seinen Betrieb einstellen

Ein kleiner Ort besitzt ein modernes Wasserwerk, das die Einwohner mit Trinkwasser versorgt; es ist rein und schmackhaft. Die Bürger des Dorfes sind stolz auf dieses Wasser, das so klar aus der Leitung läuft.

Zur Überwachung werden regelmäßig Wasserproben an das wissenschaftliche Institut der nahe gelegenen Stadt geschickt. Chlor wird dem Trinkwasser täglich in geringen Mengen beigefügt, um jeder Ansteckungsgefahr durch Krankheitserreger (Bakterien) vorzubeugen.

Eines Tages erhält die Verwaltung des Dorfes den Besuch einer Kontrollkommission. „Wir müssen das Werk vorübergehend schließen", sagen die Herren zum Bürgermeister, „da die letzte Wasserprobe Stoffe enthält, die sehr gefährlich sind."

Die Ortsverwaltung ist entsetzt. Doch die Kommission bleibt unerbittlich. Sofort wird die Wasserversorgung unterbrochen. Dann macht sich die Kommission an die Arbeit und kann auch bald den Grund der Wasserverseuchung feststellen. Eineinhalb Kilometer vom Wasserwerk entfernt liegt ein kleines Waldstück. Dort ist eine wilde Müllkippe entstanden. Am Grund einer Mulde sammeln sich immer mehr Abfälle. Gelegentlich kamen auch Lastwagen mit Industriemüll an diesen abgelegenen Ort; bei Nacht und Nebel kippten sie ihre Ladungen ab.

Durch starke Regenfälle bedingt, waren die chemischen Schadstoffe mit dem Sickerwasser der Müllkippe in das Grundwasser gelangt. Das Trinkwasser des nahen Dorfes wurde dadurch ungenießbar. Die giftigen Abfälle mußten abgeräumt und in eine geordnete Deponie umgelagert werden.

Aufgabe:

Zeichne in das Bild mit roter Farbe ein, wie die schädlichen Stoffe in das Grundwasser gelangen, aus dem das Trinkwasser genommen wird.

Fragen:

1. Das Wasser aus der Leitung trinken wir; wozu wird es im Haushalt noch benutzt?

2. Wodurch wird Trinkwasser ungenießbar?
3. Was geschieht, wenn du verseuchtes Wasser trinkst?

Merke:

Chlor, das dem Trinkwasser beigefügt wird, tötet Krankheitserreger; es kann aber nicht chemische Schadstoffe unschädlich machen, die in das Grundwasser einsickern.

Industriemüll darf nur in Deponien gelagert werden, die zum Grundwasser hin abgedichtet sind.

Meeresverschmutzung

Die Erdteile mit all unseren Städten, Äckern, Wiesen, Wäldern, Wüsten und Gebirgen nehmen nur etwas mehr als ein Viertel der Erdoberfläche ein. Beinahe drei Viertel der Oberfläche sind von Wasser bedeckt.

Diese großen Meeresgebiete sind für die Ernährung der Menschheit sehr wichtig. Viele Länder leben hauptsächlich vom Fischfang auf den Meeren. Die Bevölkerung der Erde nimmt weiter zu. Deshalb müssen wir in Zukunft die großen Vorräte der Weltmeere stärker nutzen als bisher. Doch diese bedeutende Nahrungsmittelquelle ist in Gefahr.

Häufig erschrecken uns Nachrichten über die wachsende Meeresverschmutzung, über das Sterben von Fischen und Seevögeln und über die Verunreinigung der Strände.

Die wesentlichen Ursachen der Meeresverschmutzung sind:

1. Das Einmünden verunreinigter Flüsse in das Meer,
2. direkte Einleitungen von Abwässern an der Küste,
3. Abfälle von Schiffen und auch Flugzeugen,
4. einige Arten von Industriemüll und flüssige Rückstände, die von Spezialschiffen in das Meer gebracht werden,
5. Verschmutzung durch Bohrungen nach Erdöl auf dem Meeresboden,
6. Verschmutzung durch Unfälle auf See, bei denen Öl ins Meer gelangt,
7. das Absinken von Staub- und Schmutzschichten aus der Luft, besonders im Küstenbereich.

Fragen:

1. Welche Ursachen der Meeresverschmutzung sind die gefährlichsten?
2. Welche Ursache läßt sich leicht bekämpfen?
3. Welche Teile des Meeres werden von der Verschmutzung am stärksten betroffen?
5. Wodurch breitet sich die Verschmutzung auf der Wasseroberfläche aus?

Katastrophe auf dem Meer

Die „Torrey Canyon" war eines der größten Tankschiffe der Welt. Sie hatte im Persischen Golf über 100 000 Tonnen Rohöl geladen. Das Öl sollte in einen Hafen an der Westküste von England gebracht werden.

Am 18. März 1967 hatte das riesige Schiff den größten Teil der Strecke zurückgelegt. Morgens um 6.30 Uhr befand es sich in der Nähe einer kleinen Inselgruppe vor Cornwall im Südwesten Englands. Doch der Tanker war etwas vom Kurs abgekommen. Der Kapitän wollte links an den Inseln vorbeifahren; sein Schiff stand aber jetzt rechts davor. Das war gefährlich, denn zwischen der Inselgruppe und der Küste von Cornwall gibt es zahlreiche flache Stellen und einige Felsenriffe.

Trotzdem wagte der Kapitän die Durchfahrt. Er wollte Zeit sparen und den Hafen schnell erreichen. Ein Feuerschiff sandte noch Warnsignale, doch es war zu spät. Der Tanker konnte nicht mehr wenden und stieß auf Grund. Öl strömte aus.

Der Kapitän versuchte, die „Torrey Canyon" wieder freizumachen und ließ große Mengen der Ladung in das Meer pumpen. So kam es zu einer Katastrophe.

Am nächsten Morgen war eine Fläche von ungefähr 20 Kilometer Länge und 10 Kilometer Breite mit 20 000 Tonnen Öl bedeckt. Dieser Teppich aus Rohöl wurde vom Wind auf die Küste von Cornwall zugetrieben.

Während der ganzen Sommermonate waren die Strände so stark verseucht, daß niemand dort baden konnte. Tausende von Seevögeln kamen durch die Ölverschmutzung um.

Der Leichtsinn des Kapitäns hatte dazu geführt, daß die Umwelt schwer geschädigt wurde.

Die „Torrey Canyon" konnte nicht gerettet werden. Am 28. März mußten englische Flugzeuge das Wrack bombardieren und so das Öl in Brand setzen, das sonst auch noch ausgetrieben wäre.

F r a g e n :

1. Warum sterben Seevögel, wenn ihr Gefieder durch Öl verschmutzt wird?
2. Durfte der Kapitän einen Teil seiner Rohölladung ins Meer pumpen?
   Beschreibe die Schäden, die durch sein Verhalten entstanden.

V e r s u c h :

Säe in einen Blumentopf Grassamen. Begieße die Saat regelmäßig mit sauberem Wasser, bis das Gras wächst. Schütte dann etwas Petroleum darüber. Beobachte, was geschieht.

Die Weltmeere sind keine Abfallgruben

Der norwegische Forscher Thor Heyerdahl überquerte 1970 in einem Schilfboot den Atlantischen Ozean. Er fuhr von der Westküste Afrikas bis zur Ostküste von Mittelamerika, das ist eine Strecke von ungefähr 6000 Kilometern. Mit diesem gefährlichen Unternehmen wollte er beweisen, daß es schon den Ägyptern vor mehreren tausend Jahren möglich gewesen war, mit ihren Schilfbooten von Afrika nach Amerika zu gelangen.

Thor Heyerdahl und seine sechsköpfige Besatzung benötigten für die Überquerung des Atlantiks 57 Tage. Oft gerieten sie in schwere Stürme. Sie waren glücklich, als ihre abenteuerliche Fahrt beendet war. Aber sie hatten auch eine Entdeckung gemacht, die sie entsetzte. Fast täglich sahen sie Flaschen, Kunststoffgefäße und Blechkanister auf der Wasserfläche treiben. Doch viel schlimmer war, daß ihr Schilfboot manchmal in einer riesigen Öllache fuhr. Diese Schichten dehnten sich mitunter weiter aus, als sie sehen konnten. Dazu entdeckten die Männer unzählige kleine und große Ölklumpen, die im Wasser hart geworden waren.

Thor Heyerdahl erschrak darüber. Mitten im Meer Abfälle, Öllachen und Ölklumpen, weitab von der Küste verschmutztes Wasser! Das war es, was ihn entsetzte. In Küstennähe hätte er eher damit gerechnet, aber nicht auf hoher See. Er hatte nicht erwartet, daß die Verunreinigung des Meeres sich über so weite Flächen erstreckte. Erschüttert schrieb er einen Bericht an die Vereinten Nationen.

M e r k e :

Bisher dachten die Menschen: die Meere sind groß und tief, wir können sie unbekümmert als riesige Abfallgruben benutzen.

Diese Denkweise ist gefährlich. Es ist noch nicht genau erforscht, in welchen Mengen die Weltmeere Schadstoffe verarbeiten können. Wissenschaftler haben aber bereits festgestellt, daß in die Ostsee und in das Mittelmeer schon zu viele Schadstoffe eingeleitet wurden.

Fragen:

1. Welche Abfallstoffe begegneten dem Schilfboot auf seiner Fahrt?
2. Warum müssen alle Nationen zum Schutz der Weltmeere zusammenarbeiten?
3. Welche Folgen kann die weitere Meeresverschmutzung für die Ernährung der Menschheit haben? Beantworte diese Frage schriftlich.

Immer mehr Müll

Müll nennen wir Abfälle, die täglich in jedem Haushalt entstehen. Aber auch in jeder Fabrik gibt es bei der Herstellung von Gütern aller Art viele Abfallstoffe.

Die Bevölkerung der Erde nimmt jährlich zu, es werden in jedem Jahr zahlreiche neue Industriebetriebe errichtet; entsprechend wächst die Gesamtmenge der Abfälle.

Betrachten wir einmal nur die Bundesrepublik Deutschland. In einem Jahr fallen hier ungefähr 350 Millionen Kubikmeter Müll an, davon sind allein 60 bis 90 Millionen Kubikmeter Hausmüll.

Würde man diese Abfälle der Haushalte an einem Platz zusammenschütten, bekämen wir einen ganz schönen Berg. Er wäre 200 Meter hoch und am Boden 500 Meter breit. Seine Länge würde 1500 Meter betragen.

Wenn wir dazu auch noch alle Abfälle aus Gewerbe und Industrie schütten würden, dann würde der Berg eine Länge von 5000 Metern erreichen. Und das in nur einem Jahr!

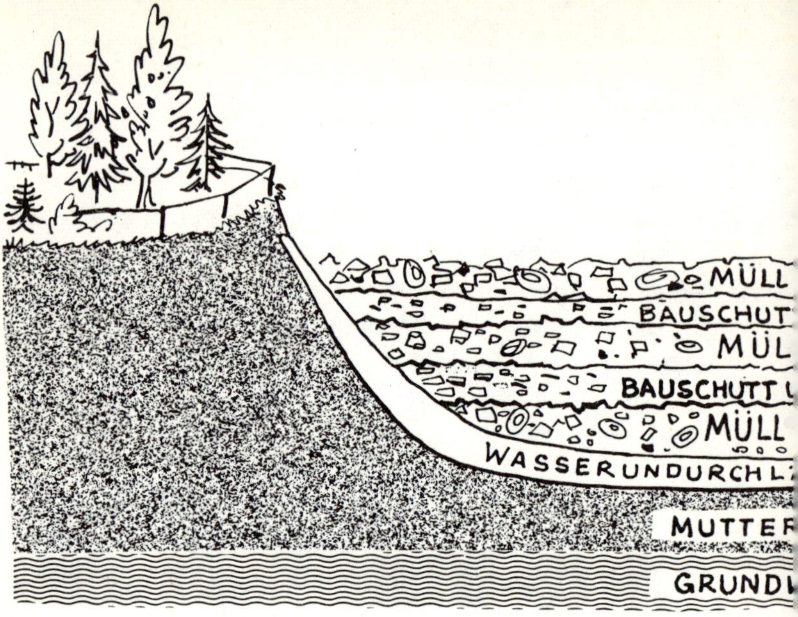

Aufgabe:

Ein großer Teil des Hausmülls besteht aus Verpackungen von Lebensmitteln und von Gegenständen des täglichen Bedarfs. Sammelt einmal diese Verpackungen und veranstaltet eine Ausstellung. Malt dazu Bilder und zeigt auf ihnen, wie Verpackungsmaterial als Müll oft die Landschaft verschandelt.

Merke:

Plastik ist ein sehr dauerhaftes Material. Hunderte von Jahren kann es dauern, ehe Verpackungen aus diesem Kunststoff verrotten.

Will man Plastik schnell beseitigen, muß man es verbrennen. Dabei entstehen aber Gase, die für die Atemwege und die Lunge gefährlich sind.

<u>Frage:</u>

Im Hausmüll findest du außer Plastik auch Verpackungen aus Glas, Metall, Karton und Papier. — Welches Material läßt sich am leichtesten beseitigen?

Wie wird Müll beseitigt?

Müll richtig und ohne Gefahr für unsere Umwelt zu beseitigen, ist nicht so einfach. Es gibt drei brauchbare Möglichkeiten der Müllbeseitigung:

1. Müllagerung (die Fachleute sagen Mülldeponie)
2. Kompostierung des Mülls
3. Verbrennung des Mülls

1. Bei der Lagerung oder Deponierung des Mülls muß die Grube erst einmal richtig gesichert werden. Wir müssen ja verhindern, daß unser Grundwasser durch Sickersäfte vergiftet wird. Daher muß zuallererst auf dem Boden der Müllgrube eine wasserundurchlässige Schicht gelegt werden. Man kann dazu sogar eine bestimmte Art von Abfällen verwenden, die in der Stahlindustrie entstehen. Diese Abfallstoffe sind kalkhaltig. Sie werden zu einer festen Schicht, sobald sie mit Wasser in Berührung kommen. Deshalb sind diese Stoffe gut zur Abdichtung einer Mülldeponie geeignet.

Jetzt kann der Müll angefahren und abgeladen werden. Nach einer gewissen Zeit müssen die Abfälle mit einer Zwischenschicht aus Bauschutt und Erde überdeckt werden. Dann kann wieder eine Schicht Müll folgen, und so fort.

Ist die Mülldeponie gefüllt, muß sie auf der Oberfläche gut mit Erde verschlossen werden.

2. Die Kompostierung soll den Müll wieder in Erde verwandeln. Man läßt ihn langsam verfaulen, um allmählich wertvollen Humusboden zu gewinnen. Vorher müssen natürlich alle Gegenstände herausgesammelt werden, die sich nicht wieder in Erde verwandeln lassen. Dann zerkleinert man den Müll. Er wird nun mit brauchbarem Schlamm aus Kläranlagen gemischt. Die breiige Masse füllt man in große Behälter. Hier verfault der Müll und verwandelt sich langsam wieder in Erde.

3. Die Verbrennung des Mülls wird in großen Verbrennungsanlagen durchgeführt. In der Bundesrepublik gibt es bisher ungefähr 35 vorschriftsmäßige Anlagen. Vor

der Verbrennung werden alle Materialien aus Eisen von großen Magneten aus den Abfällen herausgezogen.

Bei diesem Verfahren bleibt nur die Asche übrig, die dann in einer geordneten Deponie gelagert wird.

Fragen:

1. Stelle fest, wie der Müll in deinem Wohnort beseitigt wird.
2. Wie oft wird der Müll bei dir abgefahren?
3. Es gibt drei Möglichkeiten, den Müll zu beseitigen. Welches sind die Vor- und Nachteile der einzelnen Verfahren? Erkläre sie schriftlich.

Aufgabe:

Zeichne in dem Testbild das Grundwasser blau, die Abdichtungsschicht am Grund der Grube gelb, den Mutterboden grau, den Müll rot und die Zwischenschichten aus Erde und Bauschutt braun ein. Das Gelände um die Müllgrube kannst du grün ausmalen.

Frage:

Wo sollte eine Mülldeponie liegen? Denke an die Entfernung von Wohnungen und an den Schutz der Landschaft.

Aufgabe:

Besucht mit der Klasse eine öffentliche Mülldeponie. Schätzt die Fläche, die für die Müllagerung benutzt wird. Berichtet schriftlich über die Besichtigung.

Wilde Müllkippen

Ihr habt gelesen, wie der Müll beseitigt werden kann, ohne daß die Umwelt gefährdet wird. Und wie sehen die Müllplätze bei uns wirklich aus?

Es gibt ungefähr 50 000 Deponien in der Bundesrepublik. Doch die wenigsten davon sind zum Grundwasser hin abgedichtet. Auf dem Boden der Gruben sammeln sich die schmutzigen und oft giftigen Flüssigkeiten, die durch den Regen aus den Müllschichten absickern und in die Erde eindringen. Sie gelangen bis in das Grundwasser und können so auch unser Trinkwasser verseuchen.

Aber auch die Luft wird durch die meisten Müllplätze verunreinigt. Immer wieder werden die Abfälle in Brand gesteckt, damit sie sich verringern und die Grube noch viel Müll aufnehmen kann. Von den Schwelbränden steigt stinkender Qualm auf und treibt in die Wohngebiete. Die Einwohner werden oft Tag und Nacht durch widerlichen Geruch belästigt. Kranke Menschen haben darunter besonders zu leiden, und Gesunde können davon krank werden.

Eine Neuordnung der gesamten Abfallbeseitigung ist notwendig. Es wird aber sehr lange dauern, bis sie durchgeführt ist. Denn gute Gesetze allein genügen nicht. Die 50 000 Müllplätze müssen verringert werden, bis nur noch etwa 5000 geordnete Deponien bestehen. Fachleute nehmen an, daß zehn Jahre nötig sein werden, um diese wichtige Aufgabe zu lösen.

Merke:

Wilde Müllkippen gefährden die Umwelt und die Gesundheit des Menschen. Durch Sickersäfte aus den Abfällen kann das Grundwasser vergiftet werden. Ratten siedeln sich an; dadurch wächst die Gefahr der Verbreitung ansteckender Krankheiten.

Unkontrollierte Brände auf den Müllkippen verschmutzen die Luft und belästigen die Anwohner. Der vermodernde Müll bildet Gase, die sich entzünden können. Wilde Müllkippen verschandeln die Landschaft.

Fragen:

1. Wodurch gefährden wilde Müllkippen die Umwelt des Menschen? Nenne die einzelnen Ursachen schriftlich.
2. Warum gefährdet das Sickerwasser aus wilden Müllkippen die Trinkwasserversorgung?

Aufgaben:

1. Besichtigt mit der Klasse eine wilde Müllkippe.
2. Berichtet darüber schriftlich.
3. Malt Bilder zum Thema „Müll verschandelt die Natur".
   Wählt die besten Arbeiten aus und veranstaltet eine Ausstellung.
4. Schneidet aus Zeitschriften, Katalogen und Prospekten Bäume, Sträucher, Blumen und Früchte aus. Klebt aus den ausgeschnittenen Teilen eine Landschaft (Kollagebild) zusammen. Jetzt verschandelt an einer Stelle eure Arbeit durch Aufkleben von Verpackungsabfällen aus Papier, Plastik und Folie.
   Diese Aufgabe könnt ihr auch als Gruppenarbeit ausführen, euer Bild kann dann natürlich größer werden.

Verunreinigung der Luft

Seit ungefähr zwanzig Jahren gilt es als sicher, daß die zunehmende Verschmutzung der Luft zu einer ernsten Gefahr für die Gesundheit der Menschen geworden ist.

Der stinkende Rauch über vielen Müllhalden ist aber nur eine verhältnismäßig unbedeutende Ursache der Luftverunreinigung. Wesentlich größere Mengen an schädlichen Stoffen gelangen durch die Abgase der Industrie, der Haushaltungen sowie durch die Auspuffgase der Kraftwagen und Flugzeuge in die Luft.

Unsere Atemluft enthält krebserzeugende Stoffe. Diese entstehen dann, wenn ein flüssiges oder festes Material nicht vollständig verbrennt; das geschieht im Motor des Autos und auch bei Kohle- und Ölfeuerungen. In Großstädten und industriellen Ballungsgebieten ist die Gesundheit des Menschen deshalb besonders gefährdet. Hier treten Erkrankungen der Luftwege am häufigsten auf.

Erschreckend ist die Zunahme von Lungenkrebs. Jeder 5. Europäer stirbt an dieser Krankheit, alle 10 Jahre verdoppeln sich die Todesfälle (natürlich spielt dabei auch der zunehmende Zigarettenverbrauch eine Rolle).

In den Industrieländern wird es nicht möglich sein, die Luft völlig sauberzuhalten. Aber der Verschmutzungsgrad muß so stark verringert werden, daß die Gesundheit des Menschen nicht geschädigt wird.

Gesetze zur Reinhaltung der Luft bestehen schon lange; neue werden geschaffen. Ihre Durchführung muß aber auch überwacht werden, sonst führen sie nicht zum Erfolg.

Merke:

Die Luftverschmutzung entsteht
1. durch Abgase der Kraftfahrzeuge und der Flugzeuge,
2. durch Abgase aus Fabriken,
3. durch Abgase aus privaten Haushalten,
4. durch Schwelbrände auf Müllhalden.

Blei in der Luft

Blei ist ein giftiges Metall. Da es die Kolben des Motors schont, wird es in einer chemischen Verbindung dem Benzin zugesetzt. Wenn ein Auto fährt, verbrennt der Kraftstoff im Motor. Der Verbrennungsprozeß ist aber unvollständig. Es bilden sich gesundheitsschädliche Gase, die über den Auspuff des Autos an die Luft gelangen. In diesen Abgasen ist auch das Blei enthalten, das zur Verseuchung der Atemluft beiträgt.

In den Großstädten und im Bereich stark befahrener Straßen ist daher der Bleigehalt der Luft besonders hoch; er steigt in den Hauptverkehrszeiten stark an.

Blei, das man einatmet, bleibt im Körper. Wissenschaftler und Ärzte befürchten, daß es eine Verkürzung der Lebenserwartung zur Folge hat. Bei Kindern können sogar Störungen in der geistigen Entwicklung auftreten.

Im August 1971 hat der Bundestag ein Gesetz beschlossen; danach darf seit Januar 1972 kein Kraftstoff hergestellt oder in die Bundesrepublik eingeführt werden, der mehr als 0,40 Gramm Blei je Liter enthält. Seit Januar 1976 darf der Bleigehalt nur noch 0,15 Gramm je Liter betragen.

Durch dieses Gesetz wird die Gefahr für unsere Gesundheit vermindert, beseitigt wird sie aber nicht.

Merke:

Blei ist giftig. Es wird dem Benzin zum Schutz des Motors zugesetzt und gelangt mit den Auspuffgasen in die Luft. Menschen, die an verkehrsreichen Straßen wohnen, atmen täglich Luft mit hohem Bleigehalt. Ihre Gesundheit ist besonders gefährdet.

Es ist bereits gelungen, Abgasreiniger zu entwickeln; das sind Filter, die in den Auspufftopf des Autos eingebaut werden. Einige giftige Bestandteile der Abgase können so gereinigt oder aufgelöst werden.

Frage:

1. Kennst Du Berufe, die dieser Gefahr in erhöhtem Maße ausgesetzt sind?
2. Dürfen Verkehrspolizisten acht Stunden am Tag ihren Dienst ausüben?
3. Zu welchen Tageszeiten ist der Bleigehalt in der Luft besonders hoch?

In vielen Großstädten ist die Luft giftig

Frankfurt am Main hat eine sehr hohe Verkehrsdichte. Täglich fahren ungefähr 200 000 Personen- und Lastkraftwagen durch die Stadt. Jedes dieser Autos stößt schädliche Auspuffgase in die Luft. Bei Windstille im Sommer und an nebligen Herbsttagen bewegen sich die Luftmassen nur wenig. Dann hängen die Auspuffgase in den

Straßen. Viele Leute müssen diese stark verunreinigte Luft einatmen.

In Frankfurt wurden 160 Männer aus bestimmten Berufsgruppen von Wissenschaftlern untersucht. Bei fast allen stellten die Ärzte gesundheitliche Schäden fest, die durch diese Luftverunreinigung entstanden waren.

Auch in vielen anderen großen Städten der Bundesrepublik ist der Grad der Luftverschmutzung durch Autoabgase sehr hoch.

Versuch:

Dieser Versuch darf nur unter Aufsicht und Anleitung des Lehrers durchgeführt werden!

Legt etwas Watte in ein altes Küchensieb. Befestigt die Watte mit Klebestreifen. Nun haltet das Sieb mit der Watte an den Auspuff eines Autos, während der Motor im Leerlauf läuft.

Vorsicht, dieser Versuch ist gefährlich!

Kommt nicht zu dicht mit dem Gesicht an den Auspuff heran!

Stellt euch so, daß die Gase nicht auf euch zutreiben.

Achtung! Laßt nie den Motor bei geschlossener Garagentür laufen!

Lebensgefahr!

Erklärt dieses Verbot!

Fragen:

1. Beschreibt den Versuch mit der Watte. Welches Ergebnis stellt ihr fest?
2. Wann stößt ein Automotor die meisten schädlichen Abgase aus? Im Leerlauf oder während der Fahrt?

3. Welche schwere Krankheit nimmt durch die Luftverschmutzung stark zu?
4. Kennst du andere Krankheiten, die durch Luftverunreinigung hervorgerufen werden? Denke an die Atmung!
5. Werden auch Tiere und Pflanzen durch Luftverschmutzung geschädigt?

Aufgaben:

1. Zählt in einer verkehrsreichen Straße die durchfahrenden Autos. Rechnet aus, wie viele Wagen vorbeifahren in einer Minute, fünf Minuten, zehn Minuten, fünfzehn Minuten und sechzig Minuten.
   In welcher Tageszeit ist die Verkehrsdichte am größten?
2. Abgase entstehen auch durch die Heizung in unseren Wohnungen. Es gibt folgende Heizungsarten: Kohleheizung, Ölheizung, elektrische Heizung, Koksheizung, Gasheizung.
   Bringe diese Heizungsarten in eine neue Reihenfolge und beginne mit der saubersten.
   Unter den aufgezählten Arten befindet sich eine, die überhaupt keine Abgase entwickelt. Welche ist es?

Luftverschmutzer können ermittelt werden

Die Einwohner einer großen Industriestadt im Ruhrgebiet wurden durch verdreckte Luft belästigt, obwohl die Fabriken teure Filter in die Schornsteine eingebaut hatten. Hauptsächlich nachts hingen Rußwolken über der Stadt. Bei der Verwaltung gingen zahlreiche Beschwerden ein.

Um die Verunreiniger ermitteln zu können, ließ die Landesregierung auf einem Hochhaus eine Fernsehanlage errichten; die Anlage war mit elektronischen Meßgeräten verbunden. Jetzt konnten die Fabrikschlote auch nachts überprüft werden. Sie waren auf dem Bildschirm zu sehen; deutlich erkannte man die Rauchfahnen. Es ließ sich feststellen, daß in einigen Werken die Filter bei Nacht nicht in Betrieb waren. Und warum nicht? Man wollte das Geld für den Abtransport der von den Filtern aufgefangenen Rußmengen sparen. Deshalb ließen mehrere Fabriken nachts den Rauch einfach ungefiltert ab.

Die Vorkehrungen zur Reinhaltung der Luft waren also getroffen, aber sie wurden zeitweise nicht genutzt. Die Verantwortlichen dachten an die Kosten, aber nicht an die Menschen.

Merke:

Die Luftverschmutzung durch Abgase kann mit Meßgeräten kontrolliert werden.

Durch den Einbau von Filtern in die Fabrikschornsteine können die meisten Schmutzteilchen abgefangen werden.

Kühe auf der Weide

Bauer Maier besitzt einen großen Hof in der Nähe einer Stadt. Auf seinen Wiesen weiden mehr als hundert Kühe. Herr Maier beschäftigt sich hauptsächlich mit Milchwirtschaft. Jeden Tag fährt er die Frischmilch zur nahe gelegenen Molkerei, die zahlreiche Milchgeschäfte in der Stadt beliefert.

Seit einigen Monaten liegt der Hof nicht mehr so ruhig wie früher. Eine neue Autobahnstrecke wurde gebaut. Das Motorgeräusch der vorüberfahrenden Kraftwagen ist fast ununterbrochen zu hören. Aber die Kühe stören sich nicht daran.

Da wird dem Bauer eines Tages das Ergebnis einer Kontrolle mitgeteilt: Der Bleigehalt in der Milch seiner Kühe ist stark angestiegen.

„Das kann ich mir nicht erklären", sagt Herr Maier zu dem Fachmann von der Gesundheitsbehörde, „meine Kühe fressen doch das gleiche Gras wie all die Jahre her."

„Leider hat sich das Gras verändert", wird ihm erwidert, „in den Abgasen der Autos ist neben anderen Schadstoffen auch das giftige Blei enthalten; es setzt sich hier auf der Weide ab und wird vom Gras aufgenommen. Die Kühe fressen das Gras. So gelangt das Blei in die Milch der Tiere."

„Ist das so schlimm?" fragt der Bauer, „was geschieht, wenn Menschen diese Milch trinken?"

„An und für sich ist es gefährlicher, bleihaltige Auspuffgase einzuatmen. Blei, das wir einatmen, verläßt den Körper nicht mehr. Dagegen wird Blei, das wir mit Nahrungsmitteln zu uns nehmen, wieder ausgeschieden, wenigstens zum größten Teil", erklärt der Mann von der Behörde, „aber ein bißchen bleibt doch im Körper zurück."

„Wieviel denn?" will Herr Maier wissen.

„Zehn Prozent bleiben im Körper. Da der Bleigehalt dieser Milch stark angestiegen ist, sind zehn Prozent davon zuviel; sie würden die Gesundheit des Menschen gefährden. Deshalb müssen wir Sie bitten, Ihr Weideland hier aufzugeben."

„Aber ich lebe doch von der Milchwirtschaft!" protestiert Herr Maier.

„Selbstverständlich erhalten Sie ein neues Weidegebiet auf der anderen Seite Ihres Hofes", beruhigt ihn der Fachmann, „die Wiesen dort sind weit genug von der Autobahn entfernt. Ihre Kühe werden bald wieder gute Milch geben."

Merke:

Blei, das wir einatmen, bleibt im Körper.

Das in Nahrungsmitteln enthaltene Blei scheidet der Körper zu neunzig Prozent wieder aus.

Blei setzt sich in unserem Gewebe und in den Knochen fest. Anzeichen einer Bleivergiftung sind Müdigkeit und Schlaflosigkeit. Die roten Blutkörperchen nehmen ab. Es kann zu Nervenentzündungen kommen. Bei Kindern führen Bleivergiftungen sogar zu Störungen in der geistigen Entwicklung.

Wohin mit Autowracks und Altreifen?

Auf der Autobahn herrscht reger Verkehr. Ute und Ingo sind mit ihren Eltern auf der Rückfahrt von einem Ausflug an den Rhein.

Plötzlich muß der Vater die Geschwindigkeit seines Wagens vermindern. Der Verkehr fließt langsamer und stockt dann. Eine lange Autoschlange hat sich gebildet; immer mehr Wagen halten neben- und hintereinander. Der Vater steigt aus, um sich weiter vorne nach der Ursache der Stauung zu erkundigen.

„Vor uns sind mehrere Autos aufeinandergefahren", erklärt er, als er zurückkommt, „aber glücklicherweise ist niemand ernstlich verletzt worden."

„Wie viele Autos es doch bei uns gibt", meint Ute und beobachtet aus dem Fenster die haltenden Wagen.

„Was geschieht mit all diesen Kraftfahrzeugen, wenn sie ausgedient haben?" möchte Ingo wissen.

„In der Bundesrepublik werden jährlich etwa eine Million Autos unbrauchbar. Manche Autobesitzer scheuen dann die Kosten für den Abtransport ihrer Fahrzeuge; sie stellen ihre alten Fahrzeuge einfach irgendwo ab und überlassen es anderen, sich darum zu kümmern. Natürlich machen sie sich durch dieses rücksichtslose Verhalten strafbar", erzählt der Vater seinen beiden Kindern.

„Ja", sagt die Mutter, „aber diese Täter sind nur schwer zu ermitteln."

„Gibt es denn keine Möglichkeit, die Metallteile von alten Autos wieder zu verwenden?" fragt Ingo.

„Doch, die gibt es schon", meint der Vater. „In der letzten Zeit wurden einige Shredder-Anlagen errichtet.

Ein Shredder, das ist ein Gerät, das eine Autokarosserie in kleine Stücke zerbricht, ein ‚Brecher' also. Das zerrissene Material läuft auf einem Band unter großen Magneten hindurch. Diese ziehen alle Metallstücke heraus, die dann in der Stahlindustrie wieder verarbeitet werden. Der unbrauchbare Rest ist Abfall; er muß in eine Mülldeponie gebracht werden."

„Autowracks können also wiederverwertet werden, wenn es genügend Shredder-Anlagen gibt", sagt die Mutter, „aber die kosten bestimmt viel Geld?"

„Allerdings", antwortet der Vater, „eine Anlage kann bis zu 10 Millionen Mark kosten, je nach Größe des Brechers. Und noch etwas ist zu beachten: Ein Shredder verursacht sehr starken Lärm. Beim Zerreißen der Autos bildet sich natürlich auch viel Staub. Verschrottungsanlagen dieser Art müssen deshalb in großem Abstand von Wohngebieten errichtet werden."

„Sonst wären viele Menschen einer ungeheuren Lärmbelästigung ausgesetzt", sagt die Mutter. „Die Autowracks wären beseitigt, aber gleichzeitig würde ein neues Übel entstehen."

„Es ist doch nicht ganz einfach, die Umwelt vor so vielen alten Autos zu schützen", meint Ute, „und auch die neuen Wagen haben es in sich; wie lange müssen wir denn noch hier halten?"

„Wir haben ja vor ein paar Minuten schon die Sirene des Polizeiautos gehört", sagt die Mutter, „die Unfallstauung wird bestimmt bald aufgehoben; bis uns Vater noch etwas über die Autoreifen gesagt hat, wird es wieder weitergehen."

„Ja, wohin mit den Altreifen?", Vater atmet ganz tief durch, „wohin mit 30 Millionen alter Reifen im Jahr! Oft werden sie noch unter freiem Himmel verbrannt, aber da gibt es eine starke Rußbildung. Die Luftverschmutzung ist also groß. Auch Verbrennungsöfen für Altreifen haben diesen Nachteil. Am wenigsten schaden uns die alten Reifen, wenn sie in geordneten Deponien gelagert werden; nur braucht ein Autoreifen ungefähr hundert Jahre, bis er verrottet ist; und er nimmt mit seinem Hohlraum viel Platz weg, der nicht genutzt wird."

„Und wenn man die Reifen in kleine Stücke zerschneidet?" fragt Ingo.

„Bravo", sagt Vater, „so wird es neuerdings tatsächlich gemacht. An einigen vorbildlichen Mülldeponien gibt es schon Zerkleinerungsanlagen. Die kleinen Gummistücke werden dann einfach unter den Hausmüll gemischt und auf diese Weise raumsparend gelagert."

Ute wird jetzt doch ungeduldig. „Ich hoffe nur", sagt sie, „daß die Stauung hier nicht auch hundert Jahre dauert."

„Warum hundert Jahre?" fragt Ingo.

„Wie bei dem Autoreifen, der verrotten soll", entgegnet Ute.

Die Mutter lacht. „Geduld muß man allerdings haben", sagt sie, „auch bei Unfällen."

„Da vorne bewegt sich die Autoschlange schon", ruft Ingo, der das Fenster heruntergedreht hat. „Jetzt können wir weiterfahren."

Merke:

Autowracks können in Shredder-Anlagen zerkleinert werden. Die so entstehenden faustgroßen Metallstücke werden der Industrie wieder zugeführt und dort wieder verarbeitet.

Auch Öfen, Herde und Kühlschränke werden auf diese Weise wiederverwertet.

Altreifen verrotten nur langsam; ihr Hohlraum erschwert außerdem die Lagerung in einer Mülldeponie. Zerkleinerungsanlagen ermöglichen es, die in kleine Stücke zerschnittenen Reifen zusammen mit dem Hausmüll zu lagern.

Altreifen kann man auch durch Verbrennen beseitigen. Durch die starke Rauch- und Rußentwicklung entsteht aber eine erhebliche Verschmutzung der Luft.

Fragen:

1. Wie kann man Autowracks beseitigen?
2. Wo dürfen Shredder-Anlagen nicht errichtet werden?
3. Welche Nachteile hat die Verbrennung von alten Autoreifen?
4. Lassen sich Altreifen in Mülldeponien unterbringen?

Der Lärm nimmt zu

An starken Lärm kann sich niemand gewöhnen. — Wir leben im Zeitalter der Technik, der Maschinen. Technische Geräte und Maschinen aber verursachen Geräusche, oft so laute Geräusche, daß wir sie als Lärm empfinden.

Sicher hast du schon einmal gesehen, wie die Teerdecke einer Straße erneuert wird. Mit einem Preßluftbohrer bricht ein Arbeiter den alten Straßenbelag auf. Dabei entsteht ein lautes Hämmern. Das Geräusch kann deinen Ohren weh tun, so laut ist es.

Oder vielleicht wohnst du an einer Bundesstraße, die mitten durch das Dorf führt. Der Verkehr rollt hier fast ohne Unterbrechung. Die Anwohner haben nicht nur unter den Auspuffgasen der Kraftwagen zu leiden; auch der Motorenlärm belästigt sie erheblich. Dieser Verkehrslärm ist für die meisten Bürger der Bundesrepublik die Hauptursache der Lärmbelästigung.

Menschen, die andauernd laute Geräusche hören müssen, können krank werden. Meist sind sie leicht reizbar, leiden oft unter Kopfschmerzen und sind unentschlossen; sie fühlen sich einfach nicht mehr richtig wohl.

Lärm ist eine ernste Gefahr für uns alle. Für kranke Menschen ist der Lärm Gift, denn sie sind noch geräuschempfindlicher als gesunde Leute. Laute Geräusche verzögern die Genesung.

Schlimm ist es, wenn dein Schlaf oft durch Lärm gestört wird. Dann kann es so weit kommen, daß deine Leistung in der Schule nachläßt. Du wirst nervös und es fällt dir schwer, aufmerksam zu sein.

Wir müssen nicht jede Lärmbelästigung einfach hinnehmen. Bereits bestehende Gesetze geben uns die Möglichkeit, uns gegen unzumutbare Belästigungen durch Geräusche zu wehren. Neue Bestimmungen sind aber notwendig, wenn ernste Gesundheitsschäden in der Bevölkerung vermieden werden sollen.

Vor allem aber muß schon bei der Entwicklung neuer Geräte und Maschinen mehr als bisher darauf geachtet werden, daß sie weniger Lärm verursachen.

Merke:

Wissenschaftler haben festgestellt, daß auch schon Kinder im Mutterleib durch starke Geräusche geschädigt werden können.

Frage:

Wo sollte in einer Stadt das Krankenhaus liegen? Gebt eure Antwort schriftlich.

Aufgabe:

Ordne die aufgeführten Maschinen nach der Lautstärke des Lärms, den sie verursachen. Schreibe die Reihenfolge untereinander.

Automotor, Küchenmaschine, Preßluftbohrer, Föhn, Kreissäge, Staubsauger, Düsenflugzeug, Bagger, Diesellok.

Nenne weitere Lärmquellen.

Willi ist lärmkrank

Willi wohnt jetzt in der Nähe des Flugplatzes. Er ist von den landenden und startenden Düsenflugzeugen begeistert. Auch das Donnern ihrer Triebwerke beeindruckt ihn in den ersten Tagen sehr.

Nach einigen Wochen fühlt sich Willi nicht mehr wohl. Er schläft schlecht, und in der Schule kommt er nicht mehr richtig mit. Besorgt geht die Mutter mit ihm zum Hausarzt. Willi wird untersucht. Dann sagt der Arzt: „Ich kann nur feststellen, daß deine Nerven überreizt sind." Er schreibt einen Überweisungsschein und sagt dabei zu Willis Mutter: „Gehen Sie bitte morgen mit Ihrem Jungen zu einem Facharzt; der wird die Ursache seiner Erkrankung am sichersten erkennen. Dann ist auch eine Heilung möglich."

Am nächsten Tag läßt sich der Vater beurlauben. Er und seine Frau fahren mit Willi zur Klinik. Dort unterhält sich der Facharzt mit ihm, während er ihn untersucht.

Der Arzt fragt: „Wo wohnst du denn, mein Junge?"

„In der Nähe des Flugplatzes", antwortet Willi, „mein Vater arbeitet dort."

„Da haben wir schon die Ursache", meint der Arzt. „Der starke Lärm der Düsenmaschinen stört deinen Schlaf immer wieder, wenn auch der Flugverkehr nachts eingeschränkt wurde. Der Fluglärm am Tage macht dir ebenso zu schaffen. Vielleicht empfindest du das nicht direkt, aber es ist so."

Und zu den Eltern sagt der Facharzt: „Laute Geräusche, die immer wiederkehren, reizen das Nervensystem des Menschen. Die Lärmforschung hat festgestellt, daß sich aus diesen Schallreizen tatsächlich Krankheiten entwickeln können; bei Leuten, die längere Zeit durch Lärm belästigt werden, arbeitet oft der Magen nicht mehr einwandfrei. Auch Herztätigkeit und Blutdruck werden beeinflußt. Lärmgeschädigte Kinder können in der Schule nicht mehr gut lernen, ihre Aufmerksamkeit läßt deutlich nach."

„Durch den Fluglärm ist mein Sohn also erkrankt", sagt der Vater, und die Mutter fragt den Arzt besorgt: „Was müssen wir nun tun, Herr Professor?"

„Die Störung bei Ihrem Jungen ist ernst, aber Sie sind ja rechtzeitig zu mir gekommen. Willi ist bestimmt bald wieder in Ordnung. Jetzt darf er erst einmal in Erholung gehen, ins Gebirge oder an die See. Während dieser Zeit müssen Sie sich nach einer ruhigeren Wohnung umsehen. Dann wird Ihr Sohn bald wieder mühelos in der Schule mitarbeiten", erklärt der Arzt den Eltern. Bei der Verabschiedung sagt er ihnen noch: „Auch für Erwachsene ist eine Wohnung, die zu nahe am Flugplatz liegt, nicht gut. Lärm schädigt uns alle."

Merke:

Lärm schadet der Gesundheit. Dauernde, übermäßige Lärmeinwirkung kann zu folgenden Krankheiten und Schäden führen:

1. Schwerhörigkeit und Taubheit,
2. Nervosität,
3. Magenerkrankungen,
4. Störung der Herztätigkeit und der Hautdurchblutung.

Frage:

In welchen Berufen ist die Lärmeinwirkung besonders groß?

Versuch:

Verhaltet euch in der Klasse fünf Minuten ganz bewußt ruhig. Löst während dieser Zeit Rechenaufgaben. Stellt dann fest, wie viele Aufgaben ihr richtig ausrechnen konntet.

Dann stören einige Schüler fünf Minuten lang durch lautes Lärmen. Versucht auch während dieser Zeit, Rechenaufgaben zu lösen. Stellt fest, wie das Ergebnis ausfiel!

Was lernt ihr aus diesem Versuch?

Merke:

Auf großen Flugplätzen gibt es Fluglärm-Überwachungsanlagen. Forscher arbeiten daran, den störenden und gefährlichen Lärm weiter einzuschränken.

Aufgabe:

Veranstaltet mit eurem Lehrer einen Klassenausflug zu einem großen Flugplatz. Stellt dort fest, wie oft Flugzeuge landen und starten. Berichtet über diesen Ausflug schriftlich.

Der Mensch und seine Umwelt

Innerhalb der letzten hundert Jahre hat der Mensch die Technik zu einem hohen Stand entwickelt. In den Fabriken der Industriestaaten werden Güter aller Art hergestellt. Dabei entstehen aber auch große Mengen von Abfällen, Abwässern und Abgasen, die oft schädlich oder sogar giftig sind.

Selbst so wichtige und nützliche Erfindungen wie das Auto und das Flugzeug haben Schattenseiten: die Abgase und den Lärm.

Der Fortschritt dient dem Menschen, gleichzeitig ist er aber auch zu einer Gefahr für ihn geworden.

Die Zahl der Menschen auf der ganzen Erde nimmt von Jahr zu Jahr zu; immer mehr Fabriken produzieren immer mehr Güter, immer mehr Kraftwagen fahren auf den Straßen, immer mehr Düsenflugzeuge fliegen von Land zu Land. — Doch auch immer mehr Schadstoffe gelangen in die Luft, in den Boden, in das Grundwasser, in die Flüsse und in das Meer.

Es gibt nicht erst seit heute Gesetze zur Reinhaltung von Wasser und Luft. Aber es wurde durch Jahrzehnte nicht sorgfältig darauf geachtet, ob sie auch befolgt werden. Und manche Gesetze sind inzwischen veraltet und reichen jetzt nicht mehr aus.

Die Schäden in unserer Umwelt sind zu einer Gefahr für alle geworden. Nun werden neue und bessere Gesetze geschaffen.

Doch es ist schwer, entstandene Schäden nachträglich zu beheben. Künftig müssen wir viel mehr Vorsorge treffen, damit neue Gefahren für die Umwelt gar nicht auftreten. So darf die Produktion in einer neuen Fabrik erst anlaufen, wenn man weiß, welche Abfallstoffe entstehen und wie sie zu beseitigen sind. Diese wichtigen Fragen dürfen nicht erst hinterher gestellt werden. Ohne Vorausplanung geht es deshalb nicht mehr; sonst würden die Nachteile des industriellen Fortschritts für den Menschen größer als die Vorteile.

Inhalt

Gefahren für die Umwelt 3
Fischsterben in den Flüssen 5
Deutschlands größter Abwässerkanal 6
Reinigung der Abwässer 8
„Es gibt doch genug davon!" 12
Ein Wasserwerk muß seinen Betrieb einstellen . . . 15
Meeresverschmutzung 18
Katastrophe auf dem Meer 19
Die Weltmeere sind keine Abfallgruben 21
Immer mehr Müll 23
Wie wird Müll beseitigt? 25
Wilde Müllkippen 28
Verunreinigung der Luft 30
Blei in der Luft 31
In vielen Großstädten ist die Luft giftig 32
Luftverschmutzer können ermittelt werden 35
Kühe auf der Weide 36
Wohin mit Autowracks und Altreifen? 38
Der Lärm nimmt zu 41
Willi ist lärmkrank 43
Der Mensch und seine Umwelt 46